희망이라는 것을 알기까지

마음시 디카시선 _01

희망이라는 것을 알기까지

_전명수 디카시집

마음시회

시인의 말

시간이 충분하지 않다는 건
순전히 내가 게으른 탓이겠지.
원고지로부터 대답을 들었으면 하는 바람으로
늘 중요한 질문 앞에서 서성였다.

이제는 밖으로 나가야겠다.
떨어지는 감나무 잎이라도 주워
그대에게 안부 한 잎 써아겠다.

2024. 가을
전명수

차례

시인의 말/5
해설/146

제1장

아무도 그 속은 모른다

벽의 사랑법/ 12
존재의 이유/ 14
동상이몽/ 16
상사병/ 18
바람 그네/ 20
깨달음/ 22
먹이를 대하는 자세/ 24
젓가락의 마음/ 26
하교 돌담길/ 28
허공의 집/ 30
녹슨 바퀴/ 32
봄, 수채화/ 34
휴식/ 36
생각과 잠/ 38
어떤 울음일까/ 40
자아/ 42
마음서가/ 44
참 오래 걸렸다/ 46
사는 일/ 48
풍경 달리기/ 50
길 위의 길/ 52

제2장

단지 햇살이 눈부셨을 뿐

하늘 신호등/ 56
잃어버린 길/ 58
맑은 날/ 60
둥근 질서/ 62
예술의 정의/ 64
마음에 하는 낙서/ 66
흘러내린 시간/ 68
칼들의 속내/ 70
위험한 질서/ 72
기억의 종/ 74
엉덩이 의자/ 76
월담/ 78
내 마음의 풍경/ 80
의자들의 식사시간/ 82
헛소문/ 84
그리움의 감옥/ 86
호기심/ 88
숲의 바깥/ 90
거꾸로 매달린 노후/ 92
달동네/ 94
모성애/ 96
화양연화/ 98

제3장
당신에게 물들기 위해서는

두 개의 돋보기/ 102
어떤 손일까/ 104
채석강/ 106
정기휴무/ 108
야생/ 110
낙서/ 112
빈부격차/ 114
둥근 것은 가볍다/ 116
플라스틱 러브/ 118
거리가 멀지 않다/ 120
벌집 약국/ 122
기다림/ 124
햇빛 아래, 줄/ 126
시뮬라크르/ 128
종강 책거리/ 130
밤, 연못/ 132
빗방울 지우개/ 134
기억의 꽃/ 136
두꺼비집/ 138
봄, 그림자/ 140
오랜 긍정, 옛 이응/ 142
비상의 조건/ 144

왜 이 자리에 있는지
나는 왜 노란 빛을 내는지

제1장

아무도 그 속은 모른다

벽의 사랑법

아무도 모르게
몸에 틈을 낸다

그리고
초록으로 말을 한다

존재의 이유

왜 이 자리에 있는지
나는 왜 노란 빛을 내는지
답할 수 없다

이 자리에서 다만
꽃대궁을 밀어 올리고 있을 뿐

동상이몽

허공에
두근거리는 마음이 매달려
어디론가 건너가고 있다

아무도 그 속은 모른다

아무도 그 속을 모른다

상사병

수없이 다가오지만
눈치만 살피다가
결국 쑥스럽게 돌아가는
저 파도의 내면

바람 그네

덜컹거리는 바람 몇 다발
그네를 탄다

너무 멀리 밀지는 마
뒷모습을 할퀴는 건 싫거든

바다를 보며 투명하게 앉아 있을게

깨달음

물에 뜨려면
수많은 발버둥이 필요하지만
오래 떠 있으려면 발버둥이 없지

가볍고 넓게 마음을 펼쳐
물에 바짝 붙어 있어야 하지

먹이를 대하는 자세

꽃잎이 내 앞에 놓인다는 것은
그것의 일생이 나에게 놓인다는 것이다
그것을 지나갔던 바람과 햇살과 모든 존재의 흔적이
나에게 바쳐진다는 것이다

그러므로 먹이는 나에게 경전이다

젓가락의 마음

젓가락이 마주 보며
나란히 집고 있는 것은
삼겹살이 아니라

서로가 서로에게 먹여주고 싶은
말 한 점이다

하교 돌담길

구부러진 여름
예고 없이 술렁이는 꽃은
누구에게 무슨 고백을 했을까

바람은 풀잎 가방을 메고 조용히
상기된 얼굴에게 물어 보았습니다

허공의 집

내가 살지 않아도 세상은 존재할까
내가 머물지 않는 곳을 집이라 할 수 있을까

눈 감으면 세상의 집들은 사라지고
내 앞에 텅 빈 집 한 채 나타난다

녹슨 바퀴

녹슨 봄도
햇빛이 맑은 날엔
어디론가 가고 싶다

봄, 수채화

어느 날 봄을 그려 보았는데
붉은 볼의 소녀와 더 붉은 꽃잎
밝은 햇살과 연두빛까지
어울렁 더울렁 어디론가 사라지고

닫힌 문 앞 봄 그림자만 짙네

휴식

쉴 때보다
일 할 때 아름다운 사람

그런 사람이
벗어놓은
노동의 아름다움

생각과 잠

살다 보면 머리가 무거워져
그림자도 점점 위험해진다

그래서 그 아래,
카페트를 깔 듯
초록 잠을 펼쳐두었다

어떤 울음일까

밧줄이
모자를 눌러 쓰고
손을 기다리고 있다

자아

바깥은
내가 아닌 것으로 가득 차고

안에는
내가 모르는 것들이 돌아다닌다

마음서가

나를 비우기 위해
버려야 할 것들이 많은 줄 알았는데

자구책 몇 권이 있을 뿐
더 버릴 것이 없다

참 오래 걸렸다

안 보이는 것을 보려고
여기까지 참 오래 걸렸다

내 몸이
희망이라는 것을
알기까지

사는 일

그래
때론 어긋나기도
서로 기대기도 하는 거지

가까이 보면 비극
멀리서 보면 희극인 거지

풍경 달리기

선은 그어졌다

선 위에
달리기 선수 둘
심판 하나

결승선이 보이지 않는다

길 위의 길

갈라진 틈이 있었다

풀씨가 떨어져
초록길을 만들었다

무서워 마
째려보는 게 아니야

제2장

단지 햇살이 눈부셨을 뿐

하늘 신호등

저 구름도
신호등이 필요한 걸까

잃어버린 길

뾰족한 바늘 사이로
재빠르게 드나들던

그 많던 길들은 어디 갔을까

목련꽃잎

무서워 마

째려보는 게 아니야
단지 햇살이
눈부셨을 뿐이야

둥근 질서

개구리 눈 같은
볼록거울로 바라보는 것들은
모두 둥글다

예술의 정의

참과 거짓이
함께 섞여 있어도
아름다운 것

마음에 하는 낙서

괜찮아
할 수 있어

마지막에 웃는 자가
이기는 거야

흘러내린 시간

오랜 시간
쫓기듯 꺼내놓지 못한 마음이
흘러내리는 추가 되어
무겁게 매달려 있다

칼들의 속내

젊고 예리한 칼들도
가끔은
주름진 얼굴과
속 깊은 대화를 나누고 싶다

위험한 질서

한 몸이면서 여럿인
내 안의 붉은 마음을
어떻게 터뜨릴 수 있을까

기억의 종

고개 들어 봐

성냥개비 같은 작은 말에도
땀 흘리던 날

잊고 살았던 소중한 종을
힘차게 흔들어 봐

엉덩이 의자

피곤한 하루는 어디 갔을까
두리번거리다 의자가 북이 되었다

둥둥둥
하루의 안부 물어줄
북채가 보이지 않는다

월담

꽃이
초록을 밀어내며
담을 넘고 있다

내 마음의 풍경

네 안의 고래 두 마리
마주 보고 일어서면

그 사이로
검은 물이 쏟아진다

언뜻 보면 검은 물소다

의자들의 식사 시간

골똘한 의자들의
텅 빈 내면을 때리는 시 한 구절

노을 한 입
책 한 입

어떤 걸 먹을까

헛소문

애초에 저것은
누군가의 입이었고 말이었다

뜨겁게 열병식을 치르더니
어느새
내 입 안으로 사라졌다

그리움의 감옥

누군가를
너무 오래 기다리다 보면
그림자 창살이
제 몸에 새겨진다

단지 햇살이 눈부셔올 뿐

호기심

물방울 얼음이
성에를 키우고 있다

호기심은 어디론가
허옇게 뻗어가지만

머지않아 햇볕에 녹을 것이다

숲의 바깥

오후 한낮 숲 속 전시회가 열렸다

도슨트*는 메뚜기

저 메뚜기는
껑충
숲의 바깥세계로 건너 뛸 수 있을까

*미술관이나 박물관 등에서 전시작품을 설명하는 사람

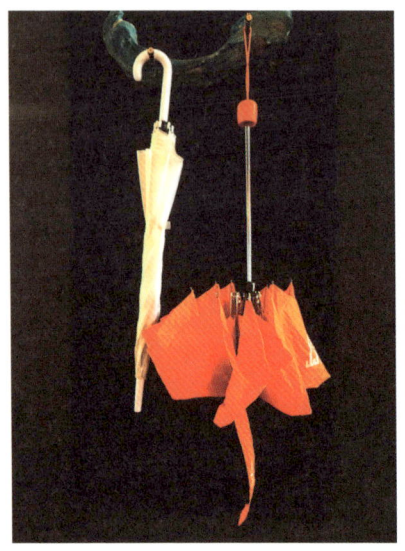

거꾸로 매달린 노후

반으로 접으면
날지 않는 날개

다 접으면
휘청이는 지팡이

펼치면 가난한 지붕

달동네

골목이 벽에
물고기를 키우면
출렁이는 물살이 생겨난다

달 대신
물고기를 키우고 싶은 동네

모성애

나무의 자궁 속에서는
초록이 자란다

자궁은
생명의 정체를 묻지 않는다

화양연화

나뭇잎이
난간에 머물고 있다

땅에 내리기 전 잠시
빗방울의 말을 엿듣고 있다

어둠을 이긴 푸른 손으로
붉은 심장을 밀어 올리는 수밖에

제3장

당신에게 물들기 위해서는

두 개의 돋보기

싸우지 마
너희들 각자의 마음속에도
마음을 크게 보여주는
돋보기가 있어

어떤 손일까

밤새
불쑥 솟아오른 우산이
초록비를 받쳐 들고 있다

채석강

흩어진 체온 위에
땀의 흔적을 포개놓으면
기억의 주름살이 된다

정기휴무

숨구멍 있는 골목에
줄서서 먹는 소문난 식당

모처럼 휴가 내고 와서
후회 한 그릇만 뒤적거린다

내 즐거움도 정기휴무 중

야생

문명도 깨어지면
자궁이 될 수 있으리

낙서

때로는 그럴듯해 보이는
방향 없는 언어의 영토

빈부격차

올라가는 자와
내려오는 자
사이의
어긋난 눈빛

둥근 것은 가볍다

무언가 담고 싶은
욕심 위에
둥근 것들이 떠 있다

둥근 것은
의외로 가볍다

플라스틱 러브

부화할 수 없는 것들은
부패도 모른다

거리가 멀지 않다

묶여있는 자와
풀려있는 자
사이의
알 수 없는 대화

벌집 약국

그 속에 꿀벌은 없고
벌 대신
커다란 타이레놀 한 알이
누워 있다

기다림

오후가
야옹하며
밑으로 훌쩍
뛰어내릴 것 같다

햇빛 아래, 줄

젖은 아랫도리와
젖은 윗도리를 말리기 위해서는
햇빛 아래도
줄이 필요하다

시뮬라크르*

음식이
꽃으로 피어 있다

보이지 않는
꽃대궁이 궁금하다

*원형의 모사나 복제를 뜻하는 철학개념.

종강 책거리

배울수록
마음은 점점 허기진다

책이 어느새
케익이 되어 있다

밤, 연못

당신에게 가 닿고
당신에게 물들기 위해서는

어둠을 이긴
푸른 손으로

붉은 심장을 밀어 올리는 수밖에

빗방울 지우개

창문에 매달린 빗방울이
더욱 또렷해져
창 밖 풍경을 지우고 있다

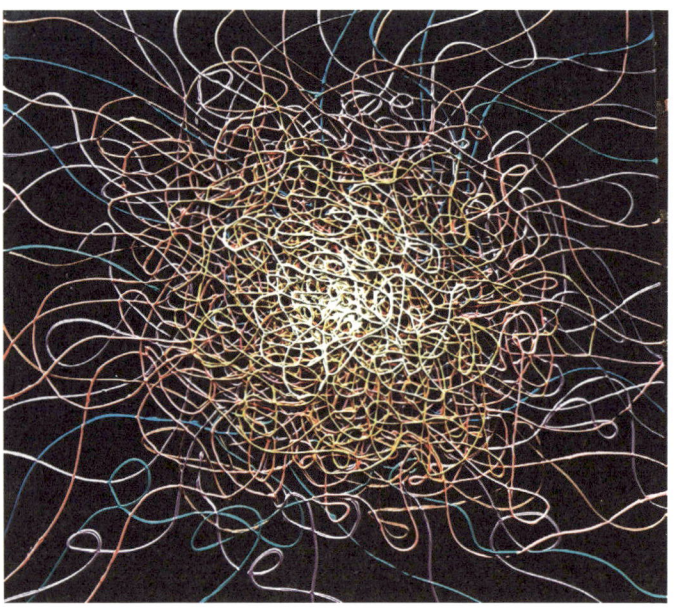

기억의 꽃

한 타래의 생각이 모여
빛을 만든다

구부러진 곳마다 꽃이 핀다

엉킨 생각도 환해지면
꽃이 된다

두꺼비집

어린 날 흙으로 만들던 두꺼비집
주먹을 빼면 쉽게 무너졌지

이제는 나이를 먹어
마음 빼면 다 무너질까 봐

무심으로 곁을 두르고 웃음으로 속을 채우지

봄, 그림자

휘발해야 할 것과
달려가야 할 것이
그림자에 붙들려 있다

오랜 긍정, 옛 이응

녹슨 문고리가
거미줄을 쳐도
거미는 보이지 않는다

문고리 뒤 문은
항상 열려 있다

비상의 조건

바람보다 가볍지 않아도
날아오를 수 있다

바람의 손을 잡을 수 있다면
떠날 준비가 되어 있다면

|해설|

# 뉴미디어 시대에 사물이 말하는 새로운 방식
_박남희(시인, 문학평론가)

뉴미디어 시대의 출현과 디카시

 디카시를 쓰고 시집을 내는 시인들에게 처음 던져지는 물음은 디카시는 과연 쓸 만한 가치가 있는가, 디카시의 문학적 정체성은 과연 무엇인가 같은 것들일 것이다. 이 두 가지 질문은 서로 다르지 않고 상보적이다. 디카시의 존재론적 가치 평가는 디카시의 문학적 정체성과 무관하지 않다. 이에 우리는 디카시가 과연 우리 문학에서 어떤 위상을 가지고 있으며, 앞으로 얼마나 영속적으로 새로운 비전을 가지고 나아갈 수 있는 문학 장르인가를 따져 보아야 할 것이다.
 예로부터 지금까지 명맥을 유지하고 있는 대표적인 시 장르는 우리가 일반적으로 시로 지칭하는 현대시와 아동문학으로 분류되는 동시, 그리고 조선시대부터 전통시가의 명맥을 유지해온 시조가 있다. 이들이 지금까지 사라지지 않고 존속할 수 있었던 것은 이들 시 장르가 시대의 요구나 문학적 환경을 견뎌낼 수 있는 스스로의 장력을 지니고 있었기 때문일 것이다. 세상의 모든 가치가 그렇듯 문학적 가치도 시대에 따라 달라진다. 조선시대에 대표적인 시가였던 시조가 현대에 와서는 현대시나 동시의 뒷자리로 밀려나 있다는 사실은 시사하는 바가 크다. 이런 관점에서 뉴미디어 시대의 시가 어떻게 변화하고, 변화해야만 할 것인가 하는 문제는 우리에게 피할 수 없는 화두가 되고 있다.

이러한 흐름 속에 디카시의 출현은 뉴미디어 시대라는 변화된 문학 환경과 무관하지 않다. 뉴미디어의 출현으로 문자 중심의 문학이 영상매체의 영향을 받게 되면서 태생적 필연성을 지니고 나타난 문학 장르가 디카시인 것이다. 세계 최초로 우리나라에서 시작된 디카시 운동은 20년 전(2004년) 시인이자 대학교수인 이상옥 시인에 의해서 시작되어 지금은 세계 여러 나라로 확산되어 새로운 문학적 트랜드로 떠오르고 있다. 우리나라에서 처음으로 시작된 문학 장르라는 점에서 K-문화의 한 지류로 보고 세계적으로 더욱 확산시켜 나가야 할 대상으로 인식할 수도 있지만, 단순히 우리 것이라는 정체성만으로는 디카시의 밝은 미래를 담보할 수 없다.

디지털 카메라의 등장과 함께 활성화되기 시작한 디카시는 스마트폰 시대에 폭발적인 증가세를 보여주고 있지만, 이러한 양적 변화가 질적인 발전을 의미하는 것은 아니다. 스마트폰으로 어느 곳에서나 사진을 찍을 수 있고, 그 사진을 보면서 5행 이내의 짧은 시를 쓰기만 하면 된다는 점에서 대중성은 이미 확보되어 있어서, 앞으로 디카시의 인구가 더욱 폭발적으로 증가하리라는 것은 쉽게 예상해 볼 수 있다. 문제는 요즘에 쓰여지고 있는 디카시가 그 이전부터 있었던 사진시와 어떤 변별점을 지니면서 독자성을 확보할 수 있는가 하는 점이다. 사진시와 디카시를 나누는 변별점으로, 사진의 매체가 아날로그냐 디지털이냐 하는 것보다, 사진을 찍는 주체가 자신이냐 타인이냐 하는 것이 훨씬 중요하다. 물론 요즘 문학상이 취소된 일부 디카시의 사진이 타인의 것을 무단으로 도용한 경우가 발견되고 있긴 하지만, 일반적으로 디카시는 자신이 소유하고 있는 스마트폰이나 디지털 카메라로 직접 찍은 사진과 자신이 쓴 5행 이내의 시적 언술로 이루어진 시작품을 가리킨다. 디지털 카메라는 아날로그 카메라에 비해서 편집과 변형, 조작이 가능하다는 점에서 작가의 주관성이 개입할 여지가 많다. 일찍이 수잔 손택이 사진을 단순한 기술매체로 보지 않고, 우리가 세계를 인식하고 경험하는 방식을 근본적으로 변화시킨 문화현상으로 보게 된 것도 이러한 사진 매체의 특성과 무관하지 않다.

프랑스의 후기구조주의 학자이며 문화기호학자인 롤랑 바르트는 '사진에 관한 노트'라는 부제가 붙어있는 그의 저서 『밝은 방』에서 사진사나 독자가 사진을 바라볼 때 사진이 전달해주는 정서나 메시지를 '스투디움(studium)'과 '푼크툼(punctum)'으로 나누어 설명한 바 있다. 여기서 '스투디움'은 사진을 보는 자에게 사물의 객관적이고 일반적인 정보나 정서를 전달해주는 것을 말하고, '푼크툼'은 사진 속의 어떤 요소가 사진을 보는 자의 마음을 관통해서 사진을 보는 주체의 감정을 사로잡는 것을 가리킨다. 롤랑 바르트의 이러한 사진 이론은 디카시의 특성을 설명하는 데 매우 유용하다.

디카시뿐 아니라 일반 사진에도 '스투디움'과 '푼크툼'은 있다. 그런데 디카시를 염두에 두고 찍은 사진에는 이 두 가지 개념의 특징적 요소가 더욱 선명하게 드러나 있는 경우가 많다. 그럼에도 디카시 사진은 어디까지나 디카시를 염두에 두고 찍은 사진이기 때문에 사진만으로는 온전한 의미를 독자에게 전달해주지 못한다. 이것은 디카시에서 사진 못지않게 시가 중요해지는 이유이기도 하다. 사진예술과 언어예술의 복합체인 디카시가 보다 높은 예술성을 확보하기 위해서는 '스투디움'보다는 '푼크툼'이 강조될 수밖에 없다. 디카시는 사진이 전달해주는 '푼크툼'과 언어매체로서의 시가 보여주는 '푼크툼'이 만나 새로운 상상력과 창의성을 창출해내는 장르라는 점에서 의미가 크다.

탈영토화에서 재영토화에 이르는 상상력

이상의 글을 통해 필자가 디카시에 관하여 장황한 설명을 곁들인 것은 본 시집 텍스트의 주체인 전명수 시인의 디카시가 한국 디카시의 새로운 가능성을 보여주고 있기 때문이다. 전명수 시인은 이번 디카시집을 내기 전에 이미 네 권의 시집을 발간한 중견 시인이다. 그의 시집은 세종우수도서로 선정되거나 문화예술진흥기금을 받을 정도로 이미 높은 수준을 인정받고 있는데, 왜 다섯 번째 시집을 디카시집으로 내게 되었을까? 아마도 그것은 그가 디카시의 미래적 비전에 새로운 매력을 느끼고 그 가능성을 새롭게 보았기 때문일 것이다. 이 시집의 맨 앞에 실린 시 「길 위의 길」은 시인의 새로운 결심과 출발에 대한 암시를 보여주는 예시처럼 보인다.

갈라진 틈이 있었다

풀씨가 떨어져
초록길을 만들었다
-「길 위의 길」 전문

디카시는 디카시인이 무언가 말하고 싶은 것을 표현할 만한 대상을 선정해서 사진을 찍고 그 사진을 시인의 새로운 눈으로 해석해서 통합적으로 보여주는 뉴미디어 문학 장르이다. 이상옥 시인은 "디카시에서의 시인은 크레이티브(Creative)이기보다는 에이전트(agent)라는 말이 좀더 어울린다."고 말하면서, 디카시인을 '풍경과 말을 고스란히 옮겨 전달해주는 에이전트'로 정의하고 있다. 그의 이러한 관점은 폴 세잔이 "풍경이 내 속에서 자신을 생각한다. 나는 풍경의 의식이다."라고 한 말과도 일맥상통한다. 즉 주체 중심의 예술이 아니라 객체나 대상의 관점을 중시한 탈중심주의적 예술성을 지향하고 있는 것이다. 이런 관점에서 보면 사진도 무언가 말하고 싶은 것이 있는데 그것을 시인이 발견하고 시적 언어로 표현한 것이 디카시인 것이다.

  전명수 시인의 시 「길 위의 길」은 들뢰즈와 가타리가 공동 저술한 저서 『안티 오이디푸스』에서 제시한 개념인 '탈영토화'를 통한 '재영토화'를 보여주고 있는 듯하다. 이 시에서 길의 틈이 생긴 것이 기존의 환경을 벗어나려는 탈영토화의 단초라면, 그 틈 사이에서 풀이 자라 초록길을 이룬 것은 길 위에 새로운 길이 생긴 재영토화의 기표라고 생각된다. 이러한 시정신은 그동안 일반시를 써온 전명수 시인이 디카시라는 새로운 영토로 나아가려는 노력과도 부합한다. '아무도 모르게 몸에 틈을 낸다/그리고/초록으로 말을 한다'가 전문인 「벽의 사랑법」 역시 틈을 비집고 그 사이에서 풀이 자라는 모습은 위의 시와 비슷하지만, 벽과 길이라는 서로 다른 환경이 주는 느낌은 각자 새로운 상상력과 주제를 향해 나아가는 분기점을 제공해준다.

음식이
꽃으로 피어있다

보이지 않는
꽃대궁이 궁금하다
-「시뮬라크르」전문

우리가 일상적으로 먹는 음식은 그냥 음식일 뿐 꽃이 아니다. 그러나 이런 음식들을 접시에 담아 둥글게 꽃 모양으로 배열해놓으면 꽃처럼 보인다. 꽃이 아닌데 꽃처럼 보이는 것을 철학적 개념으로 '시뮬라크르'라고 부른다. 플라톤에 의해서 원형의 모사나 복제를 뜻하던 이 개념은 들뢰즈에 이르러서 단순한 복제물이 아니라 새로운 창조물을 뜻하게 되었다. 시인의 관점 역시 플라톤보다는 들뢰즈 쪽에 가깝다. 시인은 꽃처럼 보이는 음식의 겉모습 뿐 아니라 '보이지 않는/꽃대궁이 궁금하다'고 말한다. 보이지 않는 것을 보는 시인의 눈길은 창조적 상상력의 눈이다. 이 시를 들뢰즈 식으로 해석하면 음식을 꽃으로 보는 것이 탈영토화라면, 보이지 않는 꽃대궁을 실제로 있는 것처럼 상상하는 것은 재영토화의 노력으로 볼 수 있다.

바깥은
내가 아닌 것으로 가득 차고
안에는
내가 모르는 것들이 돌아다닌다
-「자아」전문

주체 중심으로 인간 존재를 인식하려 했던 철학자 데카르트의 관점에서 보면 자아는 존재의 몸 안으로 국한된다. 하지만 푸코나 데리다, 들뢰즈 같은 후기구조주의 철학자들은 자아의 개념을 확장시켜 타자의 자리까지 나아가게 한다. 위의 시 역시 몸의 안과 밖을 모두 자아로 보고 있다는 점에서 후자의 관점에 접근해 있다. 푸코는 인간을 언제까지나 존속할 그 무엇이 아니라, 해변가에 그려진 얼굴이 파도에 씻겨버리듯 금세 지워지고 마는 존재로 보고 있다. 즉 인간은 유한한 존재이고 불완전하고 불확실한 존재인 것이다. '바깥은/ 내가 아닌 것으로 가득 차고/안에는/내가 모르는 것들이 돌아다닌다'는 시인의 사유 역시 종잡을 수 없고 유동적인 인간존재의 본질을 간파해 보여준다. 이러한 모습은 끊임없이 자신을 탈영토화 하고 재영토화 하려는 인간 존재의 단면처럼 읽힌다.

시간의 파편_사랑, 그림자, 기억

오랜 기간의 삶을 살아가다 보면 여기저기 시간의 파편이 만져진다. 전명수 시인의 디카시에도 이러한 삶의 모습들이 보인다. 그중에서 비교적 큰 비중을 차지하고 있는 것이 '사랑'이다. 시인의 디카시를 일별해보면 사랑은 그리움, 기다림, 호기심, 설렘, 욕망, 일탈, 상사병, 모성애, 동상이몽 등 다양한 탈을 쓰고 나타난다.

한 몸이면서 여럿인
내 안의 붉은 마음을
어떻게 터뜨릴 수 있을까
-「위험한 질서」 전문

이 작품에서 우리는 서로 몸을 맞대고 있는 붉은 과일들의 모습을 보면서 사랑을 '위험한 질서'로 읽어내는 시인의 창의성과 만나게 된다. 시인에 의하면 사랑은 위험한 질서를 터뜨리는 것이다. 우리가 방울토마토 같은 과일을 먹기 위해서는 그것을 입에 넣고 터뜨려야 한다. 방울토마토가 터뜨려져서 새로운 영양분이 되듯 사랑도 터뜨려져야 새로운 관계가 형성된다. 그런데 화자의 안에 있는 과일로 은유된 마음은 한 개의 둥근 과일이 아니라 여러 개가 서로 몸을 맞대고 있는 복잡한 형국이다. 그렇기 때문에 터뜨리기도 그만큼 어렵다. 시인은 이러한 복잡 미묘한 인간의 마음을 구체적인 사물을 통해서 시인이 말하고 싶은 이미지로서의 '푼크툼'을 전경화해서 보여준다.

사랑을 주제로 한 시는 이 시집의 도처에 산재해 있다. 둥근 항아리의 몸에 비친 창살무늬에서 그리움을 포착한 「그리움의 감옥」, 노란 수선화를 보면서 '왜 이 자리에 있는지/나는 왜 노란 빛을 내는지/답할 수 없다//이 자리에서 다만/꽃대궁을 밀어올리고 있을 뿐,'이라고 하여, 사랑의 존재 이유가 한마디로 표현할 수 없는 것임을 말하고 있는 「존재의 이유」, 창틀 위에 있어 누군가를 기다리며 어딘가를 골똘히 바라보고 있는 고양이 사진을 통해서 '오후가/야옹하며/밑으로 훌쩍/뛰어내릴 것 같다' 기발한 시적 언술을 보여주는 「기다림」 등은 특히 주목해볼 만하다.

휘발해야 할 것과
달려가야 할 것이
그림자에 붙들려 있다
　-「봄, 그림자」 전문

봄이 되면 얼어 있던 것들이나 죽은 것 같이 움츠리고 있던 것들이 기지개를 켜고 생명의 봄을 맞이할 준비를 한다. 그런데 세상에는 봄이 와도 봄을 느끼거나 즐길 줄 모르고 척박한 삶의 환경 속에 붙들려 있는 것들이 너무나 많다. 위의 사진 속 녹슨 휘발유통이나 짐자전거 역시 이러한 삶의 모습을 상징적으로 보여주고 있다. 여기서 어디론가 달려가고 싶고 때로는 휘발하고 싶기도 한 봄을 붙잡고 있는 그림자는 현실적 한계에서 벗어나지 못하고 있는 우리의 마음이다. 그런 의미에서 '그림자'는 심리학에서 우리 내면의 어두운 측면을 말하는 '쉐도우'의 의미를 포함하고 있다.

'쉐도우'로서의 그림자와 연관된 디카시로는 '내 안의 고래 두 마리/마주 보고 일어서면//그 사이로/ 검은 물이 쏟아진다//언뜻 보면 검은 물소다'가 전문인 시「내마음의 풍경」이 있다. 이 시는 바닷가에 있는 조형물을 낯선 각도로 찍어서 약간 추상적으로 보이는 사진을 시인의 관점에서 내면화해서 표현하고 있다는 점에서 낯설면서도 새롭다. 사진이 전체적으로 어두운 색으로 이루어져 있어서 추상적 마음의 풍경 이면의 쉐도우를 상징적으로 보여주고 있다.

흩어진 체온 위에
땀의 흔적을 포개놓으면
기억의 주름살이 된다
-「채석강」전문

쓸모없이 버려진 여러 가지 모양의 천들을 쌓아놓은 사진을 부안의 채석강 풍경에 슬쩍 겹쳐놓을 줄 아는 시인의 안목이 돋보이는 작품이다. 그런데 이 사진은 단순히 채석강 풍경의 유비적 은유에 머물지 않고 그것을 '기억의 주름살'이라는 중첩된 은유로 표현해내는 상상력의 깊이가 느껴진다. 이것은 인간을 주름진 존재로 바라보고 자신의 주름철학의 펼쳐나간 들뢰즈의 사유에도 닿아 있다. 주름을 '안으로 말려들어간 밖'으로 바라보는 들뢰즈의 사유는 인간의 안과 밖이 이원화된 것이 아님을 보여준다.

일상의 전경화와 사회학적 상상력

디카시의 특징 중의 하나는 일상적 삶 속의 한 순간을 포착해 촌철살인의 짧은 언표로 감각적이고 상징적으로 제시해주는 데 특화된 장르라는 점이다. 디카시의 작가는 늘 들고 다니는 스마트폰으로 얼마든지 일상의 단면을 이미지화 할 수 있다. 그러므로 디카시에 가장 빈번히 등장하는 시적 소재는 일상이다. 일상은 표면적으로는 평온해 보이나 그 이면을 들여다보면 복잡다단한 삶의 국면이 보인다

창문에 매달린 빗방울이
더욱 또렷해져
창 밖 풍경을 지우고 있다
-「빗방울 지우개」 전문

햇빛이 화창한 날에는 투명했던 유리창도 비가 오면 빗물이나 빗방울로 얼룩져 창밖이 선명하게 보이지 않는다. 시인은 카메라의 초점을 유리창에 맺힌 물방울에 맞춤으로써 창밖의 풍경을 흐릿하게 지우는 이미지를 만들어 낸다. 이것은 카메라 기법을 활용해 자연의 제유인 빗방울에 초점을 맞춤으로써 문명의 제유인 창밖의 도시 풍경을 흐릿한 배경으로 만들어 버린다. 자연을 전경화하고 문명을 후경(배경)으로 만드는 작가의 마음속에 문명비판의식이 숨어있다는 것은 사진만으로는 알 수 없다. 그런 의미에서 '창문에 매달린 빗방울이/ 더욱 또렷해져/ 창 밖 풍경을 지우고 있다'는 시적 언술은 문명비판적 주제를 드러내는 데 필수적 요소가 된다. 여기서 순간포착이 이룩한 절묘한 사진 속 풍경과 시인의 촌철살인의 절제된 언술이 어떻게 디카시의 품격을 높여주는지를 알 수 있게 된다.

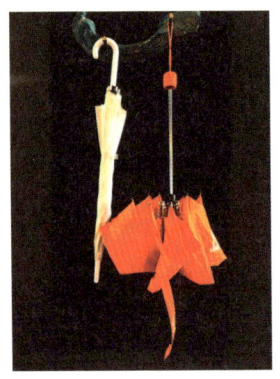

반으로 접으면
날지 않는 날개

다 접으면
휘청이는 지팡이

펼치면 가난한 지붕
-「거꾸로 매달린 노후」 전문

이 시는 우산걸이에 거꾸로 매달려있는 우산을 중년을 지난 인간의 삶에 대비시켜, 가난한 일상을 살아가는 전복된 노후를 전경화 해 보여주고 있다. 우리 인생은 반으로 접힌 중년을 지나면서 점차 노년의 모습이 나타난다. 이 시기를 비유적으로 말하면 '날지 않는 날개'를 가진 새의 모습과도 흡사하다. 그러다 인생을 다 접는 끝자락 노년에 이르면 '휘청이는 지팡이'만 남게 된다. 우리 주변의 일상적 노년의 삶은 펼쳐 봐야 '가난한 지붕'에 불과한 삶이다. 이 시는 시간이 흐를수록 노년인구의 증가로 절대빈곤 노년층이 사회문제화 될 수밖에 없는 시대성을 반영하고 있다. 이와 유사한 시로는 요즘은 거의 퇴물로 전락한 옛날 재봉틀을 소재로 '뾰족한 바늘 사이로/ 재빠르게 드나들던/ 그 많던 길들은 어디 갔을까'가 전문인 「잃어버린 길」을 꼽을 수 있다. 이 시는 단순히 지금은 사라지고 없는 구시대의 유물에 대한 회고나 그리움의 감정을 넘어, '뾰족한 바늘'이나 '재빠름'으로 대변되는 긴장감 넘치는 삶의 실종을 루즈해진 현대적 일상에 대비시키는, 시인의 새로운 관점이 돋보이는 시이다.

묶여있는 자와
풀려있는 자
사이의
알 수 없는 대화
—「거리가 멀지 않다」 전문

위의 사진은 호수 위에 떠 있으면서 밧줄에 묶여있는 배와 그 옆에 밧줄에 묶이지 않은 상태로 함께 떠 있는 조금 작은 물체를 이미지로 보여준다. 디카시의 화자는 이 사진을 보고 '묶여있는 자와/ 풀려있는 자/ 사이의/ 알 수 없는 대화'라는 시적 언술을 달아놓았다. '거리가 멀지 않다'는 제목은 이 둘 사이가 서로 단절되거나 멀리 떨어져 있지 않음을 암시해준다. 현대를 살고 있는 주체나 대상에게 억압은 필연적으로 존재한다. 그러므로 누구나 자유를 꿈꾼다. 하지만 인간은 쉽게 이상적인 자유를 누리지 못한다. 에릭 프롬은 『자유로부터의 도피』라는 책에서 인간이 역사를 통해서 자유를 쟁취해왔음에도 불구하고 역설적으로 자유로 인해 불안을 느껴 다시 자유로부터 도피하려는 경향이 있다고 말한다. 이러한 역설은 본질적으로 인간에게 있어서 억압과 자유가 실제적인 삶에 있어서는 뚜렷이 분리될 수 없는 영역임을 말해준다. 이러한 인간 내면의 복잡성은 사회적 억압과 자유의 불균형으로 나타나게 된다.

이상에서 살펴 본 바와 같이 전명수 시인의 디카시는 사진과 시적 언술이 절묘하게 어우러져 새로운 상상력과 텐션을 창출해내고 있어서 현대시와 확연히 구분되는 디카시의 새로운 비전을 우리에게 보여준다. 요즘 디카시가 폭발적인 확장세를 보여주고 있는 것은 반가운 일이지만, 누구나 쉽게 쓸 수 있다는 특성의 이면에는 필연적으

로 질적 저하가 동반된다. 전명수 시인의 디카시는 수준 높은 디카시가 이룩해야 할 전범이 되고 있어서, 그가 디카시를 통해서 보여줄 미래에 커다란 기대감을 품게 해준다. 디카시가 태동한 지 이미 20년이 되었지만 현대시와는 또 다른 장르로서의 디카시가 현대시와 어떤 변별성을 지니고 발전해 나가야 할 것인지는 단순히 이론의 문제에 국한되지 않는다. 그런 의미에서 전명수 시인의 디카시가 우리에게 전해주는 시사점은 의미하는 바가 크다고 생각된다.

희망이라는 것을 알기까지

발행일 2024년 10월 28일

지은이 전명수
발행인 이정하
펴낸곳 마음시회

등록 2021년 4월 12일(제021-00012호)
주소 서울시 마포구 월드컵로 41-1 정일빌딩 4층
전화 02) 336-7462
팩스 0504) 370-4696
이메일 maumsihoe@naver.com

ⓒ전명수 2024

값 15,000원
ISBN 979-11-989702-0-6 (03810)

잘못 만들어진 책은 바꾸어 드립니다.
이 책의 판권은 저자와 마음시회에 있습니다.
양측의 동의 없는 무단 전재와 복제를 금합니다.

_이 책은 2024년도 충남문화관광재단
창작지원금을 지원받아 제작되었습니다.